JUV
SPAN
352.23
GOR

BLUE ISLAND PUBLIC LIBRARY

3 1237 00281 9804

D1290393

$6.00

CONO...RNO

VICEPRESID...

Por Jacqueline Laks Gorman
Consultora de lectura: Susan Nations, M. Ed.,
autora/tutora de lectoescritura/consultora

WEEKLY READER®
PUBLISHING

BLUE ISLAND

Please visit our web site at www.garethstevens.com
For a free color catalog describing our list of high-quality books,
call 1-800-542-2595 (USA) or 1-800-387-3178 (Canada). Our fax: 1-877-542-2596

Library of Congress Cataloging-in-Publication Data
 Gorman, Jacqueline Laks, 1955–
  [Vice president. Spanish]
  Vicepresidente / por Jacqueline Laks Gorman ; [Spanish translation,
  Tatiana Acosta and Guillermo Gutiérrez].
    p. cm. — (Conoce tu gobierno)
  Includes bibliographical references and index.
  ISBN-10: 1-4339-0103-X   ISBN-13: 978-1-4339-0103-4 (lib. bdg.)
  ISBN-10: 1-4339-0131-5   ISBN-13: 978-1-4339-0131-7 (soft cover)
  1. Vice-Presidents—United States—Juvenile literature. I. Nations, Susan. II. Title.
 JK609.5.G674   2009
 352.23'90973—dc22   2008044724

This edition first published in 2009 by
Weekly Reader® Books
An Imprint of Gareth Stevens Publishing
1 Reader's Digest Road
Pleasantville, NY 10570-7000 USA

Copyright © 2009 by Gareth Stevens, Inc.

Executive Managing Editor: Lisa M. Herrington
Editors: Brian Fitzgerald and Barbara Kiely Miller
Creative Director: Lisa Donovan
Senior Designer: Keith Plechaty
Photo Researchers: Charlene Pinckney and Diane Laska-Swanke
Spanish Translation: Tatiana Acosta and Guillermo Gutiérrez
Publisher: Keith Garton

Photo credits: cover & title page © Eric Thayer/Reuters/Corbis; p. 5 Ted S. Warren/AP; p. 6 © Ed Clark/Time &
Life Pictures/Getty Images; p. 7 AP; p. 9 Tim Sloan/Reuters/Landov/Pool; p. 10 Pablo Martinez Monsivais/AP;
p. 11 Neal Ulevich/AP; p. 13 Jae C. Hong/AP; p. 14 Rick Wilking/AP/Pool; p. 15 Paul Sancya/AP; p. 17 © North
Wind Picture Archives; p. 18 © Hulton Archive/Getty Images; p. 19 Lyndon B. Johnson Library Photo by Cecil
Stoughton; p. 20 © Thomas D. Mcavoy/Time & Life Pictures/Getty Images; p. 21 Paramount Pictures.

All rights reserved. No part of this book may be reproduced, stored in a retrieval system, or transmitted
in any form or by any means, electronic, mechanical, photocopying, recording, or otherwise, without the prior
written permission of the copyright holder. For permission, contact **permissions@gspub.com**.

Printed in the United States of America

1 2 3 4 5 6 7 8 9 10 09 08

Cover Photo: Joseph Biden fue elegido vicepresidente de Estados Unidos en 2008.

CONTENIDO

Las palabras del glosario se imprimen en letra
negrita la primera vez que aparecen en el texto.

CAPÍTULO 1

¿Quién es el vicepresidente?

El vicepresidente de Estados Unidos es un líder importante. La vicepresidencia es el segundo cargo en importancia dentro del gobierno. El vicepresidente colabora estrechamente con el presidente.

En 2008, Joseph Biden fue elegido vicepresidente.

El vicepresidente ayuda al presidente a decidir cuál es la mejor forma de gobernar la nación. El vicepresidente y el presidente son los únicos líderes **elegidos**, o escogidos, por todo el país.

Washington, D.C., es la capital de Estados Unidos. Es la sede del gobierno. Allí es donde vive y trabaja el vicepresidente. Su lugar de trabajo se encuentra en la Casa Blanca.

El presidente Dwight D. Eisenhower (izquierda) se reunía con frecuencia con su vicepresidente, Richard Nixon (derecha). Ambos ocuparon sus cargos desde 1953 hasta 1961. Nixon fue elegido presidente en 1968.

El vicepresidente vive en el número 1 de la calle Observatory Circle, en Washington, D.C.

La residencia del vicepresidente se encuentra en el Observatorio Naval de Estados Unidos. Unos agentes especialmente entrenados, que pertenecen al Servicio Secreto, se encargan de proteger al vicepresidente.

El presidente viaja en un avión especial llamado *Air Force One*. El avión del vicepresidente recibe el nombre de *Air Force Two*.

CAPÍTULO 2

¿Qué hace el vicepresidente?

La ley sólo exige al vicepresidente que cumpla dos funciones. La primera es la más importante. El vicepresidente debe estar preparado para hacerse cargo del puesto más alto. El presidente puede enfermar o morir. También podría dimitir. Si eso ocurriera, el vicepresidente ocupa su lugar.

La segunda función del vicepresidente también es importante. El **Senado** es parte del Congreso. El Congreso es el grupo que hace las leyes de la nación. El vicepresidente es el líder del Senado. Por lo general, el vicepresidente no vota en el Senado, pero si hay un empate, el vicepresidente vota para romperlo.

El vicepresidente, Dick Cheney (izquierda), escucha mientras el presidente George W. Bush se dirige al Congreso.

El presidente George W. Bush, el vicepresidente Dick Cheney y miembros del Gabinete se reunieron en julio de 2007.

El vicepresidente es uno de los miembros del **Gabinete**. Las personas que forman parte del Gabinete son los principales asesores del presidente. Trabajan en educación, sanidad y otras áreas de importancia. El Gabinete se reúne con el presidente para encontrar soluciones a los problemas.

El presidente también le pide al vicepresidente que se encargue de otras cosas. A veces, el vicepresidente dirige grupos que estudian cómo resolver algunos problemas. El vicepresidente también viaja por todo el mundo para reunirse con otros líderes.

George H.W. Bush fue vicepresidente desde 1981 hasta 1989, y visitó China en 1985. Más adelante, fue elegido presidente.

CAPÍTULO 3

¿Cómo llega alguien a ser vicepresidente?

Para convertirse en vicepresidente, es necesario tener al menos 35 años y ser un **ciudadano** nacido en Estados Unidos. Además, esa persona debe haber vivido en el país durante al menos 14 años.

El vicepresidente y el presidente son **compañeros de candidatura**. Forman un equipo. Los votantes eligen al presidente y al vicepresidente cada cuatro años.

Muchas personas comparten las mismas ideas sobre cómo gobernar el país. Pertenecen a unos grupos llamados **partidos políticos**. En Estados Unidos, los dos principales partidos políticos son el Partido Demócrata y el Partido Republicano. Los partidos eligen a los **candidatos** a presidente y vicepresidente.

En 2008, el Partido Republicano eligió a John McCain (izquierda) y a Sarah Palin (derecha) como candidatos a presidente y vicepresidente.

Los candidatos viajan por todo el país para hablar con los votantes y dar discursos en los que explican cómo gobernarían la nación. También participan en **debates** en los que exponen su opinión sobre los asuntos importantes.

En 2008, Joseph Biden (izquierda) y Sarah Palin (derecha) participaron en un debate durante su candidatura a la vicepresidencia.

En 2008, el Día de las Elecciones fue el 4 de noviembre. Joseph Biden y Barack Obama fueron elegidos vicepresidente y presidente.

El Día de las Elecciones se celebra en noviembre. Ese día, votantes de todo el país eligen a los candidatos que prefieren para gobernar. En enero, el presidente y el vicepresidente recién elegidos toman posesión.

CAPÍTULO 4

Vicepresidentes famosos

Muchos vicepresidentes han pasado a ser parte de la historia. Varios llegaron incluso a la presidencia. Algunos tomaron posesión porque el presidente no pudo completar su mandato. Otros participaron en una elección y lograron el triunfo.

En 1789, John Adams se convirtió en el primer vicepresidente de Estados Unidos. Sirvió durante la presidencia de George Washington, por un periodo de algo más de ocho años. Adams fue elegido presidente en 1796.

© North Wind Picture Archives

John Adams fue el primer vicepresidente de Estados Unidos. Además fue el segundo presidente.

En 1804, el vicepresidente Aaron Burr mató de un disparo a Alexander Hamilton en un duelo.

Un vicepresidente se hizo famoso por un hecho negativo. Aaron Burr, que llegó a la vicepresidencia en 1801, tuvo una disputa con Alexander Hamilton, un importante líder que contribuyó a dar forma a la nación. Burr y Hamilton se enfrentaron en un **duelo**. Burr mató a Hamilton, pero no fue a la cárcel, ¡sino que terminó su mandato como vicepresidente!

En 1841, el presidente William Henry Harrison murió. Su vicepresidente, John Tyler, fue el primero en llegar a la presidencia por la muerte de un presidente. Desde entonces eso ha ocurrido siete veces.

El vicepresidente Lyndon Johnson presta juramento como presidente tras el asesinato de John F. Kennedy en 1963.

En 1945, Harry Truman era el vicepresidente, y Estados Unidos participaba en la Segunda Guerra Mundial. Ese año, el presidente Franklin D. Roosevelt murió, y Truman se convirtió en el nuevo presidente. Truman se esforzó por llevar a la nación a la victoria en la guerra. En las siguientes elecciones, se presentó y ganó.

El vicepresidente Harry Truman (izquierda) llegó a la presidencia tras la muerte de Franklin D. Roosevelt (derecha) en 1945.

Algunos vicepresidentes se hicieron más famosos después de dejar el cargo. Al Gore fue vicepresidente durante la presidencia de Bill Clinton. En 2000, Gore se presentó a las elecciones enfrentándose a George W. Bush. Gore fue derrotado en una elección muy disputada.

Gore ha trabajado para la protección del medio ambiente. En 2007, obtuvo un importante galardón por su trabajo, el Premio Nobel de la Paz.

Al Gore da discursos para explicar cómo podemos proteger el medio ambiente.

Glosario

candidatos: personas que se presentan a un cargo electivo

ciudadano: persona que tiene ciertos derechos en una nación, como el derecho al voto

compañeros de candidatura: personas que se presentan juntas a la presidencia y a la vicepresidencia

debates: discusiones formales entre los candidatos en las que éstos explican su postura respecto a temas importantes para la nación

duelo: enfrentamiento en el que dos personas usan armas de fuego o espadas siguiendo una serie de reglas establecidas

elegido: escogido por el pueblo mediante una votación

Gabinete: grupo de personas que lideran los departamentos del gobierno. Los miembros del Gabinete trabajan para el presidente.

partidos políticos: grupos de personas que comparten creencias e ideas políticas similares

Senado: una de las dos partes que forman el Congreso. La otra es la Cámara de Representantes.

Más información

Libro

¿Qué es un presidente y un vicepresidente? Mi primera guía
   acerca del gobierno (series). Nancy Harris (Heinemann, 2007)

Páginas web

Guía de Ben: El gobierno de Estados Unidos para niños
bensguide.gpo.gov
Esta página es una guía que explica cómo funciona el gobierno,
incluyendo la vicepresidencia.

Biografía del vicepresidente para niños
www.whitehouse.gov/kids/vicepresident
Conozcan toda la información sobre el vicepresidente, y visiten
su despacho.

Nota de la editorial a los padres y educadores: Nuestros editores han revisado con cuidado las
páginas web para asegurarse de que son apropiadas para niños. Sin embargo, muchas páginas web
cambian con frecuencia, y no podemos garantizar que sus contenidos futuros sigan conservando
nuestros elevados estándares de calidad y de interés educativo. Tengan en cuenta que los niños
deben ser supervisados atentamente siempre que accedan a Internet.

Índice

Información sobre la autora

La escritora y editora Jacqueline Laks Gorman creció en la ciudad de Nueva York. Jacqueline ha trabajado en muchos tipos de libros y ha escrito varias colecciones para niños. Vive en DeKalb, Illinois, con su esposo David y sus hijos, Colin y Caitlin. Se registró para votar cuando cumplió dieciocho años y desde entonces participa en todas las elecciones.